KARLEE'S COLORING BOOK

VOLUME 1: GRAFFITI QUILTING

First published in the United States in Winter, 2015 by Karlee Porter
Karlee Porter, LLC.
Clinton, UT 84015
www.Karleeporter.com

ISBN: 978-1502915092

Dedicated to my nieces and nephews.

Never stop creating.
Never stop trying.
Be your best self.

INTRODUCTION

I'm Karlee. I love all things art! I can remember vividly what it felt like to learn how to hold a crayon, and the rest is history. As a young girl I gravitated toward all things visual, and was constantly working on a piece for a local exhibit at school, or even a competition.

When I reached an adolescent age, my passion for art was still fully intact but my skill level had improved drastically. This was the point that I knew without the shadow of a doubt that when I grew up I WOULD be an artist.

With constant support and encouragement from my family, (being child number seven out of a family of eight children, I never went without motivation and sometimes even friendly competition) my love for drawing and illustration grew bigger and bigger with each worn out sharpie and tattered sketch book.

As I reached adulthood, I was lucky to be adopted into the quilting industry. This became somewhat of a second home to me. I was able to learn the ins and outs of what it might take to become a professional quilter.

The bridge between the way I drew and the way I quilted was untraveled. Little did I know that in 2009 and the 5 years to follow, I would slowly relearn my muscle-memory'd drawing movements but instead with both hands and a heavy quilting machine. All the drawings that adorned my sketchbooks from 6th grade and later were now taking on a new life in the form of fabric and thread. Thus, Graffiti Quilting was born.

This coloring book is an homage to those countless hours of perfecting my own unique and deeply personal style. My hands have traveled from cheap notebook paper, to pages in my journal, to a more formal selection of sketchbooks, and into many quilts that are now finished, and displayed in their own polished way.

My hope is that throughout your experience of coloring in these pages, you can get a glimpse of my journey and the birth, adolescence, and adulthood of Graffiti Quilting.

If you have done Graffiti Quilting in the past, please use these designs as reference to further sharpen your quilting skills and add "tools" to your quilting tool box. Please use this book to relieve stress. Use it to take your color theory skills to the next level. Allow yourself to be experimental. Notice the few pages that have included designated empty "frames" and use them to write a note to a loved one or record your favorite quote and display it somewhere. I have included cohesive designs in this book, but some are more advanced than others. Allow yourself to progress with each page. I have also designed this coloring book to have single sided pages. Don't be afraid to tear a page out and give it as a gift, or share a few pages with a friend who needs a chill pill and some artistic stress relief therapy. Here's a helpful hint: slide a piece of cardstock or floral cellophane behind the page you're coloring and then you can use paint or sharpies.

Whether you are old or young, an artist or not, I truly want to thank you for supporting my work and choosing my designs for your coloring pleasure.

Be great to each other.

- Karlee

ACKNOWLEDGEMENTS

This was such an amazingly fun and fulfilling book for me to create! I have learned an extremely valuable lesson- it is so important to create a large body of cohesive work in order to progress an artist. I truly feel that making this coloring book has really stretched my limits as an artist as well as continued to pave the way for what the Graffiti Quilting style is all about! There are a few people I would like to acknowledge that have been important in this coloring book's creation process.

Judy, for the last 5 years, you have been such an amazing friend, wonderful mentor, and understanding friend. I appreciate the conversations we get to have, and that you are always so willing to listen to my hopes and dreams. I love you a ton and you have enriched my life immensely.

Jessica, you are such an amazing friend! I love that even though we come from such different walks of life, we continue to support, understand and empathize with each other. If my artistic journey is a bonfire, you're definitely one of the best pieces of kindling I can find! I appreciate your honesty and drive and you are an amazing example to me. You are my soul sister! I love you dude.

Nieces and nephews. I love you all so much it is insane! I feel like I get to have my own special friendship with each of you and I love that we get to play together. I hope you all love this coloring book as much as I loved making it for you!

Andrew, I know there really isn't anything that I can say that you haven't heard before. But I hope you know how much I love you and respect you. You are so thoughtful and attentive and literally the best companion I could ask for, and I am lucky that you also want to keep being my business partner... even through my crazy antics and disorganization. You are the lid to my sharpie, the cheese to my macaroni, the charger to my device, and the password to my username. Here's to many more years of dream team success!

-Karlee

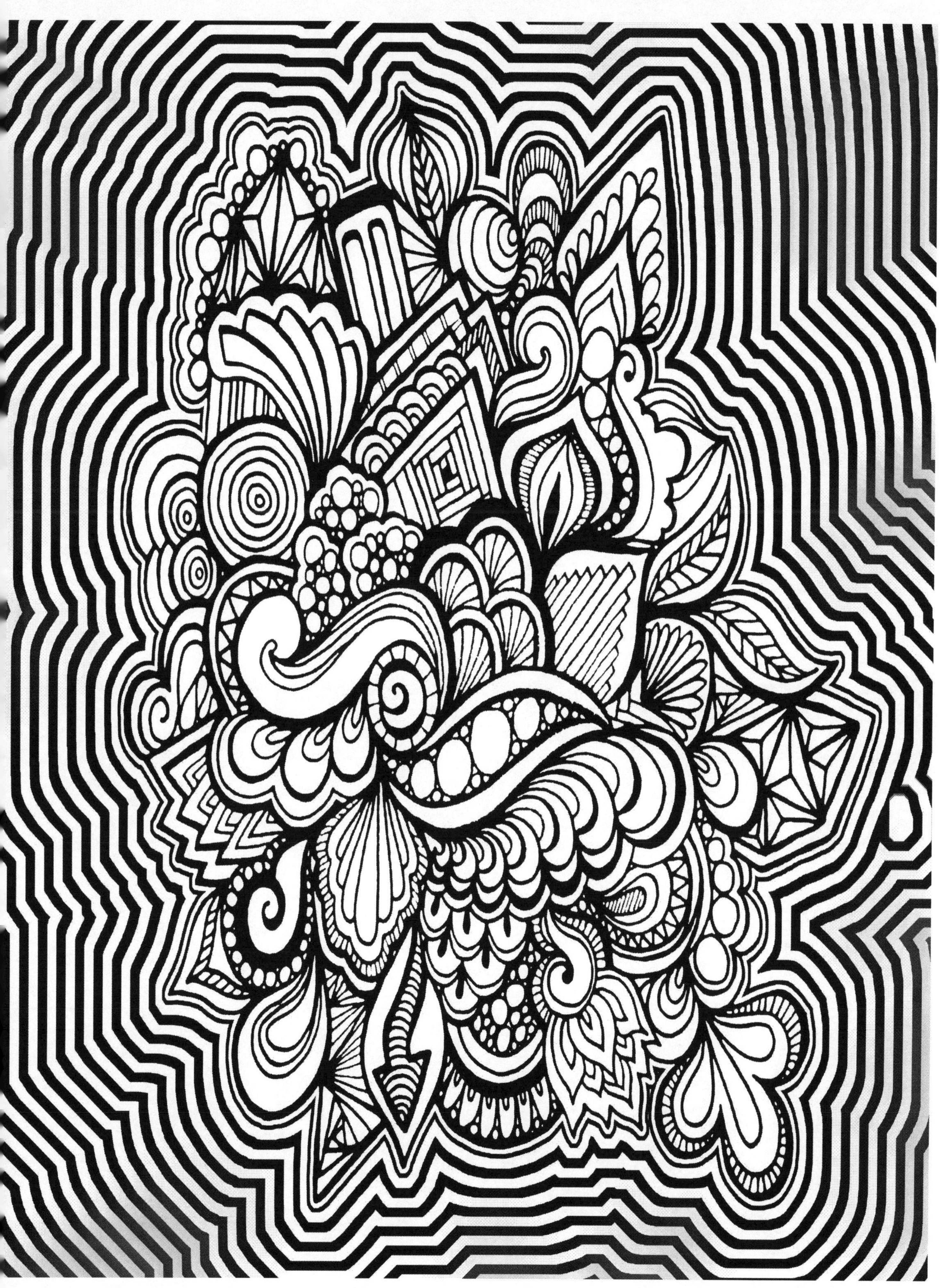

Made in the USA
Monee, IL
20 October 2023

44915381R00070